BEI GRIN MACHT SICH IHR WISSEN BEZAHLT

- Wir veröffentlichen Ihre Hausarbeit, Bachelor- und Masterarbeit

- Ihr eigenes eBook und Buch - weltweit in allen wichtigen Shops

- Verdienen Sie an jedem Verkauf

Jetzt bei www.GRIN.com hochladen und kostenlos publizieren

Bibliografische Information der Deutschen Nationalbibliothek:

Die Deutsche Bibliothek verzeichnet diese Publikation in der Deutschen Nationalbibliografie; detaillierte bibliografische Daten sind im Internet über http://dnb.d-nb.de/ abrufbar.

Dieses Werk sowie alle darin enthaltenen einzelnen Beiträge und Abbildungen sind urheberrechtlich geschützt. Jede Verwertung, die nicht ausdrücklich vom Urheberrechtsschutz zugelassen ist, bedarf der vorherigen Zustimmung des Verlages. Das gilt insbesondere für Vervielfältigungen, Bearbeitungen, Übersetzungen, Mikroverfilmungen, Auswertungen durch Datenbanken und für die Einspeicherung und Verarbeitung in elektronische Systeme. Alle Rechte, auch die des auszugsweisen Nachdrucks, der fotomechanischen Wiedergabe (einschließlich Mikrokopie) sowie der Auswertung durch Datenbanken oder ähnliche Einrichtungen, vorbehalten.

Impressum:

Copyright © 2015 GRIN Verlag
Druck und Bindung: Books on Demand GmbH, Norderstedt Germany
ISBN: 9783668877252

Dieses Buch bei GRIN:

https://www.grin.com/document/454673

Else Kunze

Die Erfolgskontrolle eines Konzepts anhand der Evaluation in der operativen Umsetzung

Kampagnenmanagement

GRIN Verlag

GRIN - Your knowledge has value

Der GRIN Verlag publiziert seit 1998 wissenschaftliche Arbeiten von Studenten, Hochschullehrern und anderen Akademikern als eBook und gedrucktes Buch. Die Verlagswebsite www.grin.com ist die ideale Plattform zur Veröffentlichung von Hausarbeiten, Abschlussarbeiten, wissenschaftlichen Aufsätzen, Dissertationen und Fachbüchern.

Besuchen Sie uns im Internet:

http://www.grin.com/

http://www.facebook.com/grincom

http://www.twitter.com/grin_com

HAUSARBET ZUM THEMA:

Die Erfolgskontrolle eines Konzepts anhand der Evaluation in der operativen Umsetzung
Kampagnenmanagement

Else Kunze
27.08.2015

Mediadesign Hochschule Berlin

INHALTSVERZEICHNIS

1. Inhaltsverzeichnis 2
1. Einleitung 3
2. Abgrenzung der Evaluation 3
3. Definition der Evaluation 4
4. Wirkungsstufen 5
5. Verfahren und Instrumente der Evaluation 8
   - 5.1 Strategy Map 8
   - 5.2 Balanced Scorecard 9
   - 5.3 Medienresonanzanalyse 11
   - 5.4 Methoden der empirischen Sozialforschung 11
6. Fazit 12
7. Literaturverzeichnis 12

1. EINLEITUNG

„Kampagnen sind dramaturgisch angelegte, thematisch begrenzte, zeitlich befristete kommunikative Strategien zur Erzeugung öffentlicher Aufmerksamkeit, die auf ein Set unterschiedlicher kommunikativer Instrumente und Techniken – werbliche und marketingspezifische Mittel und klassische PR-Maßnahmen - zurückgreifen."[1] Eine Strategie besteht auch aus dem operativem Arbeitsschritt „Evaluation", mit dem man den Erfolg eines Konzepts kontrollieren und analysieren kann. „If you can't measure it, you can't manage it", sagten Kaplan und Norton einst. Damit sprachen sie die unabsehbare Erfolgsmessung der Kommunikation an. Um ein erfolgreiches Konzept zu konzipieren, müssen Erfolgsfaktoren definiert werden - erst durch die Evaluation können die Ziele überprüft und somit Maßnahmen und Ziele verbessert werden. Die einzelnen Ebenen des Kommunikationsprozesses werden auf sehr unterschiedliche Weise evaluiert. Die folgende Hausarbeit stellt mögliche Verfahren zur Ergebniskontrolle vor. Eingangs wird die Evaluation definiert und abgegrenzt. Darüber hinaus wird das Wirkungsmodell vorgestellt, an dem die Erfolgsmessung Anwendung findet. Abschließend werden einige Verfahren aus der empirischen Sozialforschung und aus dem Managementprozess vorgestellt und ein kurzes Fazit zu den Verfahren aufgestellt.

2. ABGRENZUNG DER EVALUATION

Der Regelkreis der Kommunikation stellt die einzelnen Phasen und Arbeitsschritte des Kampagnenmanagements dar. Mithilfe des Zyklus können wir die Erfolgskontrolle beziehungsweise Evaluation abgrenzen. Eine Unternehmensstrategie besteht aus drei aufeinander folgenden Denksystemen: der „analytischen Ordnung", der „strategischen Entscheidung" und zu guter Letzt der „operativen Umsetzung" (siehe Abbildung 1: Der Regelkreis der Kommunikation (Quelle: http://www.quadvert.de/gfx/regelkreis.png)). Die erste Umsetzung besteht aus den Schritten „Ausgangssituation", in der der kommunikative Kontext vor dem Hintergrund der Organisationsziele betrachtet wird, der „Aufgabenstellung", in der die Probleme erfasst werden, die man lösen soll, und der „Problemanalyse", in der die gefährdenden oder unterstützende Potenziale herausgearbeitet werden. Die „strategische Entscheidung" umfasst die „Zielsetzung" und die Definition der „Dialoggruppen". Daraufhin folgen die „Positionierung", in der Kommunikationsbotschaften für einzelne Zielgruppen abgeleitet werden und die „Strategie", in der der Meinungsbildungsprozess gestaltet wird. Letztere „operative Umsetzung" realisiert Kommunikationsziele in konkrete „Maßnahmen" und plant diese. Zu guter Letzt schließt die „Erfolgskontrolle" beziehungsweise die „Evaluation" den Zyklus ab.

---

[1] Röttger, U. (1998) PR-Kampagnen. Über die Inszenierung der Öffentlichkeit. VS Verlag für Sozialwissenschaften, S.667

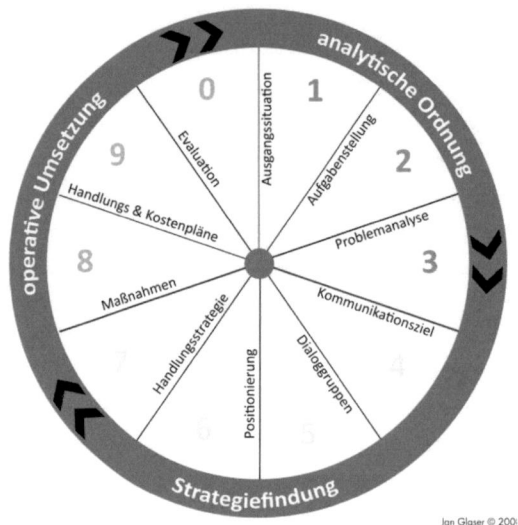

ABBILDUNG 1: DER REGELKREIS DER KOMMUNIKATION (QUELLE: HTTP://WWW.QUADVERT.DE/GFX/REGELKREIS.PNG)

3. DEFINITION DER EVALUATION

Als „kontinuierlicher[s] Verbesserungsprozess"[2] fließt die Ergebniskontrolle in den Managementzyklus ein. Sie misst die Wirkung einer Kampagne mit Hilfe verschiedener Kommunikations-Messgrößen und bestimmt, ob die vorher deklarierten Kennzahlen, die bei allen Kommunikationszielen und -maßnahmen definiert werden, erreicht wurden und wie hoch der Anteil der Kampagne am Erreichen der strategischen Ziele ist.[3] Die gemessenen Ist-Werte werden den Zielwerten gegenübergestellt und in einem „Reporting-System" gesammelt.[4] Der Bericht ist Grundlage für die Verbesserung von Strategien und Maßnahmen. Abweichende Kennzahlen sollen ein Ansporn zur Optimierung darstellen. Maßgeblich ist die regelmäßige Messung der Kennzahlen, was eine dauerhafte Verfügung von Größen unabdingbar macht. Einige „können laufend bereitgestellt werden" wie das Budget, einige „wie Kundenzufriedenheit halbjährlich oder jährlich."[5] Somit dient sie durch die gewonnenen Erkenntnisse als Entscheidungshilfe – so können Kampagnen angepasst werden oder neue Konzepte entwickelt werden.

---

[2] Besson, N.A. (2003) Strategische PR-Evaluation. Wiesbaden: Westdeutscher Verlag in: http://www.pr-evaluation.de/download/artikelbesson.pdf, S. 2
[3] Pfannenberg, J.; Zerfaß A. (2004) Wertschöpfung durch Kommunikation, DPRG
[4] Vgl. Internationaler Controller Verein e.V. (2010) Grundmodell für Kommunikations-Controlling S.29
[5] Pollmann, R (2011) Integriertes Kommunikationscontrolling in:
http://www.kommunikationscontrolling.info/uploads/media/IntegriertesKommunikationscontrolling022011_01.pdf, S.18

Man unterscheidet zwei Erfolgskontrollen: die „summative Evaluation"[6] beziehungsweise Ergebniskontrolle, die zum Schluss jeder Kampagne einen Abgleich der erzielten Effekte mit den angestrebten Zielen umfasst, zum Anderen die „formative Evaluation"[7] beziehungsweise prozessbegleitende Erfolgskontrolle die in allen Phasen des Konzeptionsprozesses tätig ist. Die Evaluation soll nicht nur zum Schluss einer Kampagne stattfinden, sondern den gesamten Prozess bewerten (siehe: Abbildung 2: STRATEGISCHE PR-EVALUATION (QUELLE: BESSON 2004)). Die „formative Evaluation" beinhaltet die „Konzeptionsevaluation", die die Kampagne im Voraus untersucht - Aufgaben, Ziele und Maßnahmen erhalten Zielgrößen, die nachträglich mit tatsächlich erreichten Werten verglichen werden können. Die „Prozessevaluation" untersucht die Durchführung der Kampagne. Sie kontrolliert ob alle Maßnahmen planmäßig eingehalten werden oder ob der Erfolg des Konzepts gefährdet ist. Zu guter Letzt agiert die „Wirkungskontrolle" im Anschluss an die Kampagnen als Ergebniskontrolle. Sie analysiert die gesamte Resonanz aus Zielgruppe und Medien und ermittelt die Wirkung auf die Reputation des Unternehmens.[8]

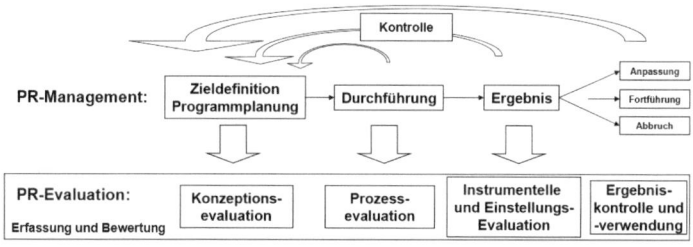

ABBILDUNG 2: STRATEGISCHE PR-EVALUATION (QUELLE: BESSON 2004)

4. WIRKUNGSSTUFEN

Um den Erfolg bestmöglich messen und beurteilen zu können, wurde ein „Wirkungsstufenmodell" entwickelt, welches von der Deutschen Public Relations Gesellschaft (DPRG) und dem Internationalen Controlling Verein (ICV), verabschiedet wurde. [9] Das Modell beruht auf dem Wirkungsmodell von Walter K. Lindemann (1997). Entscheidend ist jedoch die Erweiterung um eine vierte Ebene, dem „Outflow", die die „erreichte Meinungs- und Verhaltensänderung der Kommunikation" misst. [10] Das Modell analysiert den gesamten Kommunikationsprozess, der aus den einzelnen Wirkungsebenen „Input", „Output", „Outcome" und „Outflow" besteht (siehe Abbildung 3:

---

[6] Beat Schmid, B. ; Lyczek, B. (2010). Unternehmenskommunikation: Kommunikationsmanagement aus Sicht der Unternehmensführung, Gabler Verlag, S. 324
[7] Beat Schmid, B. ; Lyczek, B. (2010). Unternehmenskommunikation: Kommunikationsmanagement aus Sicht der Unternehmensführung, Gabler Verlag, S. 324
[8] Vgl. Besson, N.A. (2004) Strategische PR-Evaluation in: http://www.pr-evaluation.de/download/artikelbesson.pdf, S. 2
[9] Vgl. Pollmann, R (2011) Integriertes Kommunikationscontrolling in:
http://www.kommunikationscontrolling.info/uploads/media/IntegriertesKommunikationscontrolling022011_01.pdf, S.23
[10] Vgl. Rolke, L. (2006) Kommunikations-Controlling – Die Steuerung eines weichen Erfolgsfaktors in: http://www.jp-kom.de/news-archiv/news-archive/newsletter/04-06/TextKomControl2006.pdf

Wirkungstufenmodell (Quelle: DPRG & ICV /Ansgar Zerfaß 2009)). [11] Auf allen Ebenen werden Ziele und Maßnahmen definiert und geeignete Messgrößen festgelegt.

Die Ebene „Input" behandelt die vom Unternehmen eingesetzten Ressourcen, die für die Kommunikation aufgewendet werden, wie beispielsweise den Personaleinsatz und den Finanzaufwand. Messgrößen stellen dabei zum Beispiel Personalkosten und Outsourcing-Kosten dar.

Ziel der zweiten Ebene „Output" ist die erfolgreiche Zugänglichkeit der Kommunikationsangebote für die Bezugsgruppen, wie zum Beispiel die Veröffentlichungen in der Presse und die Verbreitung von Druckerzeugnissen. Unterschieden wird zwischen dem ‚Internen Output' und dem ‚Externen Output'. Ersteres beschäftigt sich mit der Eigenleistung des Unternehmens. Es umfasst die Bereiche der Prozesseffizienz, mit den Messgrößen Budgettreue, Durchlaufzeit und Fehlerquote, und der Qualität der Aktivitäten der externen Agenturen. Messgrößen der Qualität stellen die „Readability", die mit Hilfe des Fogg-Index die Lesbarkeit und Verständlichkeit eines Textes ermittelt[12], und die Zufriedenheit des internen Auftraggebers dar und. Beim „Externen Output" beginnt der eigentliche Kommunikationsprozess – analysiert wird nicht mehr die Organisation, sondern die externen Medien und Kommunikationskanäle. Dabei werden zur Messung der Reichweite und der Inhalte der Kontaktangebote unter anderem folgende Größen verwendet: die Anzahl der Clippings der redaktionellen Beiträge (siehe auch Medienresonanzanalyse unter: Medienresonanzanalyse) und der Initiativquotient, der das Verhältnis von selbst- und fremdgesteuerter Berichterstattung beschreibt. Das Verhältnis sollte laut GPRA (Gesellschaft Public Relations Agenturen e.V.) bei 70 zu 30 liegen – 70 Prozent selbstinitiiert und 30 Prozent fremdinitiiert.[13] „Abweichungen signalisieren Fehl- oder Übersteuerungen" von Kampagnen.[14] Eine weitere Kennziffer ist der „share of voice", der den Anteil der Kontakte angibt, den ein Unternehmen in einer Branche erlangt. Er errechnet sich aus dem Quotienten aus Netto- und Bruttoreichweite.[15] Der „Äquivalenzwert" ist eine Hilfsgröße, die durch PR generierte redaktionelle Beiträge in den Preis umrechnet, den eine Anzeige oder ein Werbespot im gleichen Format gehabt hätte. So kann ein Mehrwert für das Unternehmen geschaffen werden.[16] Jedoch ist der Wert nicht bei negativer Berichterstattung anwendbar. Um das Nutzungsverhalten im Internet untersuchen zu können helfen Analyseprogramme, die in die Website integriert werden. So können Kennzahlen wie Visits und Downloads auf der Website, Page Impressions, meistbesuchte Seiten, Verweildauer oder Herkunft der User ausgewertet werden.

---

[11] Zerfaß, A. (2009): Immaterielle Werte und Unternehmenskommunikation – Herausforderungen für das Kommunikationsmanagement. In: Möller, K.; Piwinger, M.; Zerfaß, A. (Hrsg.): Immaterielle Vermögenswerte: Bewertung, Berichterstattung und Kommunikation. Stuttgart: Schäffer-Poeschel, S. 23-47
[12] Vgl. Internationaler Controller Verein e.V. (2010) Grundmodell für Kommunikations-Controlling, S. 69
[13] Vgl. Rolke, L. (2006) Kommunikations-Controlling – Die Steuerung eines weichen Erfolgsfaktors in: http://www.jp-kom.de/news-archiv/news-archive/newsletter/04-06/TextKomControl2006.pdf
[14] Rolke, L. (2006). Kommunikations-Controlling – Die Steuerung eines weichen Erfolgsfaktors in: http://www.jp-kom.de/news-archiv/news-archive/newsletter/04-06/TextKomControl2006.pdf, S.14
[15] Vgl. Internationaler Controller Verein e.V. (2010) Grundmodell für Kommunikations-Controlling, S. 70
[16] Vgl. Meckel, M. (2008) Unternehmenskommunikation: Kommunikationsmanagement aus der Sicht des Unternehmensführung, Gabler Verlag, S. 344

Die „Outcome"-Ebene analysiert die Wirkung bei den Bezugsgruppen. Unterschieden wird zwischen dem direkten und indirekten Outcome. Der „Direkte Outcome" befasst sich mit der Veränderung der Wahrnehmung, der Nutzung und dem Wissen der Bezugsgruppen. Die Wirkungen werden auch als „Outtakes" beziehungsweise „Outgrowth" bezeichnet.[17] Messgrößen sind unter anderem „Awareness", was die Bekanntheit einer Marke oder eines Produkts beim Verbraucher angibt[18] oder die „Unique Visitors"-Kennzahl, die die Anzahl der Besucher einer Internetseite angibt.[19] Der „Recall-Wert" misst die „Häufigkeit der Erinnerung". Somit kann nachgewiesen werden, wie intensiv sich Bezugsgruppen mit der Botschaft auseinandergesetzt haben und ob sie inhaltlich richtig aufgefasst wurde. [20] Je intensiver die Botschaft aufgefasst wird, desto größer ist der Einfluss der Botschaft. Der „Recognition"-Test misst die Wiedererkennung eines Werbemittels bei den Empfängern.[21] Der „Indirekte Outcome" hingegen bezieht sich auf die Beeinflussung der Meinung, Einstellung, Emotion und Verhaltensweisen von den als relevant erachteten Bezugsgruppen. Die Messung erfolgt durch Indikatoren wie Markenimage, Reputationsindex, Strategisches Bewusstsein der Mitarbeiter, Kaufintention und -bereitschaft, Leads, Innovationsdesign und Projektbeteiligung

Der „Outflow" beziehungsweise die „betriebswirtschaftliche Wirkung" stellt das Ergebnis von Kommunikationsprozessen und den Beitrag der Kommunikation zur Wertschöpfung des Unternehmens dar. Beeinflusst werden sowohl strategische und finanzielle Zielgrößen im Leistungsprozess als auch immaterielle Ressourcen wie Reputation, Marken und Unternehmenskultur oder materielle Ressourcen in der Kapitalbildung. Messgrößen zur Bewertung von Marken und Image beziehungsweise Reputation sind beispielsweise: Umsatz, Projektabschlüsse, Kostenreduktion oder Reputations- und Markenwerte. Der Reputationsquotient zeigt kritische Erfolgsfaktoren der Reputation der vier verschiedenen Anspruchsgruppen Investor, Kunde, Mitarbeiter und Öffentlichkeit auf. Die Befragten müssen zu den sechs Kernthemen emotionale Wirkung, Produkte und Service, Vision und Führung, Arbeitsplatzumgebung, finanzielle Leistung und soziale Verantwortung Merkmale einschätzen.[22]

---

[17] Vgl. Beat Schmid, B.; Lyczek, B. (2010). Unternehmenskommunikation: Kommunikationsmanagement aus Sicht der Unternehmensführung, Gabler Verlag, S. 455
[18] Vgl. Kasprik, R. (2013). Rationale Unternehmens- und Marketingplanung: Strategische, operative und taktische Entscheidungen, Springer Verlag, S. 121
[19] Vgl. Internationaler Controller Verein e.V. (2010) Grundmodell für Kommunikations-Controlling, S. 71
[20] Vgl. Kasprik, R. (2013). Rationale Unternehmens- und Marketingplanung: Strategische, operative und taktische Entscheidungen, Springer Verlag, S 124
[21] Vgl. Kasprik, R. (2013). Rationale Unternehmens- und Marketingplanung: Strategische, operative und taktische Entscheidungen, Springer Verlag, S.123
[22] Vgl. Peters, P.; Liehr, A.; Zerfaß, A. (2009). Reputationsmessung: Grundlagen und Verfahren, DPRG/Universität Leipzig, S.13

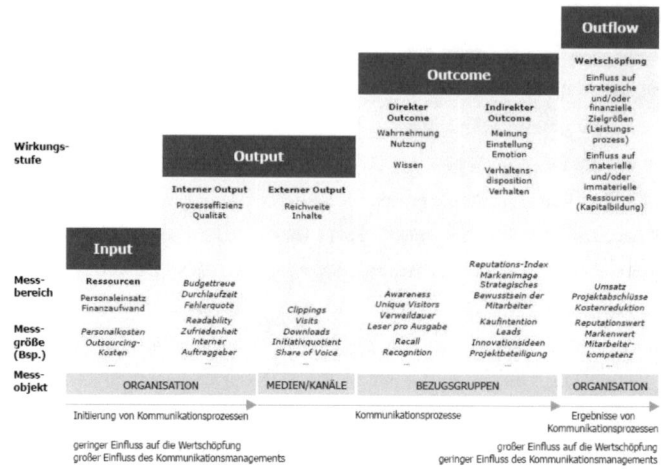

ABBILDUNG 3: WIRKUNGSTUFENMODELL (QUELLE: DPRG & ICV /ANSGAR ZERFAß 2009)

5. VERFAHREN UND INSTRUMENTE DER EVALUATION

Es existieren zahllose Verfahren zur Erfolgsmessung der Kommunikation von Kampagnen. Strategische Leistungs- und Managementsysteme wie die „Balanced Scorecard" oder die „Strategy Map" konkretisieren strategische Unternehmensziele und messen und kontrollieren PR-Aktionen durch Kennzahlen. Desweiteren gibt es grundlegende Instrumente wie die Medienresonanzanalyse und Verfahren aus der empirischen Sozialforschung, die sowohl quantitative als auch qualitative Daten bereitstellen.

4.1 STRATEGY MAP

Die Strategiekarte „Strategy Map", die 2004 von Kaplan und Norton entwickelt wurde, stellt eine „konsistente Unternehmensstrategie" dar.[23] Durch die Definition strategischer Ziele und durch die Definition der „Key Performance Indicators", zeigt sie den Wertschöpfungsprozess der Organisation auf. Es werden vier Perspektiven (Finanzperspektive, Kundenperspektive, Interne Prozessperspektive und Lern- und Entwicklungsperspektive) mit ihren übergreifenden Zielen festgelegt. Die vier übergreifenden Ziele sind dabei zufriedene Shareholder (Finanzperspektive), zufriedene Kunden (Kundenperspektive), effiziente und effektive Prozesse (Interne Prozessperspektive) und motivierte und lernfähige Mitarbeiter (Lern- und Entwicklungsperspektive). Werttreiber der Finanzperspektive ist die Finanzkommunikation, bei der Kundenperspektive ist es die Marketingkommunikation, bei der

---

[23] Vgl. Kaplan, N. (2004) Strategy Maps. Der Weg von immateriellen Werten zum materiellen Erfolg. Stuttgart - Schäffer-Poeschel

internen Prozessentwicklung die Unternehmenskommunikation und der Werttreiber der Lern- und Entwicklungsperspektive ist die interne Kommunikation. Die Ziele und Werttreiber der einzelnen Perspektiven stehen durch horizontale Verknüpfungen, also auf derselben Perspektive und durch vertikale Verknüpfungen, also über die Perspektiven hinweg, in einem „Ursache-Wirkungs-Verhältnis" (siehe Fehler! Verweisquelle konnte nicht gefunden werden.).[24] Durch die „Balanced Scorecard" können den Zielsetzungen Messgrößen zugesprochen werden.[25]

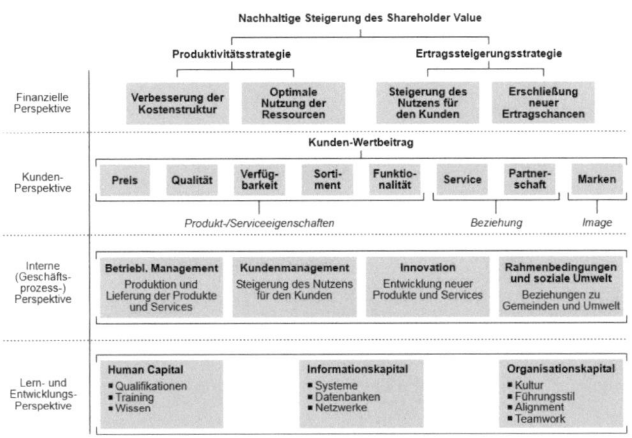

ABBILDUNG 4: STRATEGY MAP (QUELLE: KAPLAN/NORTON 2004)

4.2 BALANCED SCORECARD

Das 1997 von Kaplan und Norton entwickelte Instrument „Balanced Scorecard" richtet Aktionen auf ein gemeinsames, strategisches Ziel aus und ermöglicht die Kontrolle von allen wesentlichen Unternehmensprozessen.[26] Das Instrument integriert die vier Perspektiven der „Strategy Map" (Finanz-, Kunden-, Prozess- und Mitarbeiterperspektive) in vier Scorecards (siehe Abbildung 5: Balanced Scorecard (Quelle: Kaplan/Norton 1997). Mittels der „Balanced Scorecard" können Zielsetzungen der Perspektiven, die im „Strategy Map" definiert werden, in Messgrößen beziehungsweise „Key Performance Indicators" übersetzt werden. „Key Performance Indicators" sind Kennzahlen, die als „Indikatoren für Veränderungen des gemessenen Sachverhalts" fungieren. Sie messen den Erfolg auf den Ebenen Output, Outcome und Outflow.[27]

---

[24] Vgl. Haaßengier, R. (2002) Rechnet sich die Balanced Scorecard?, in: Bilanz & Buchhaltung, Heft 3/2002, S. 108
[25] DPRG/Sass, Jan/Schönefeld, Ludwig/Pütz, Horst/Stobbe, Reimer (2007): Werttreiber, Value Links und Key Performance Indicators der internen Kommunikation. Thesenpapiere des Arbeitskreises »Wertschöpfung durch Kommunikation« der Deutschen Public Relations Gesellschaft e.V. DPRG zu Kennzahlen der Kommunikation.
[26] Vgl. Beat Schmid, B. ; Lyczek, B. (2010). Unternehmenskommunikation: Kommunikationsmanagement aus Sicht der Unternehmensführung , Springer-Verlag S. 61
[27] Vgl. DPRG/Sass, Jan/Schönefeld, Ludwig/Pütz, Horst/Stobbe, Reimer (2007): Werttreiber, Value Links und Key Performance Indicators der internen Kommunikation. Thesenpapiere des Arbeitskreises »Wertschöpfung durch Kommunikation« der Deutschen Public Relations Gesellschaft e.V. DPRG zu Kennzahlen der Kommunikation., S. 5

Anhand der Kennzahlen werden Abweichungen zu den Zielgrößen augenblicklich erkannt. Infolgedessen kann der abweichende Bereich wiederum in die Zielrichtung gelenkt werden. Desweiteren sagt der Zusatz „Balanced" aus, dass die Werttreiber aller vier Perspektiven in einem ausgeglichenes Verhältnis gemanagt werden müssen."[28] Infolgedessen wird der Unternehmenswert beziehungsweise der „Shareholde-Value" gesteigert.

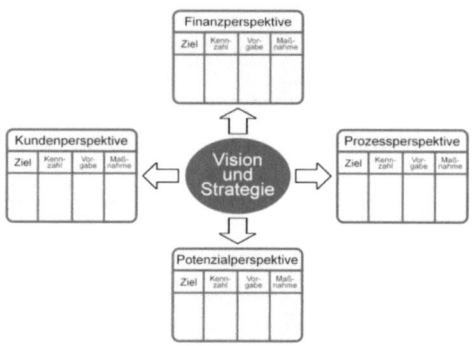

ABBILDUNG 5: BALANCED SCORECARD (QUELLE: KAPLAN/NORTON 1997)

Eine Erweiterung der klassischen „Balanced Scorecard" stellt die „Corporate Communications Scorecard" dar, die "multiperspektivische, strategische Steuerungsansätze" aufweist und übergeordnete Unternehmens- und einzelne Kommunikationsziele miteinander in Verbindung stellt. Das Instrument wurde von Zerfaß entwickelt (2005). [29] Der Erfolg wird hierbei in mehreren Perspektiven unterschieden, wie Finanzierung, interne Prozesse, Potenziale, gesellschaftliche Akzeptanz und Kunden- und Marktbeziehungen.[30] Für jede Perspektive werden zunächst Erfolgsfaktoren definiert. Daraufhin werden die Werttreiber identifiziert und messbare Kennzahlen beziehungsweise „Key Performance Indicators" beschrieben. Schließlich lassen sich Handlungsprogramme ableiten, die kontinuierlich verbessert werden und somit noch gezielter gesteuert werden können.[31]

---

[28] DPRG/Sass, Jan/Schönefeld, Ludwig/Pütz, Horst/Stobbe, Reimer (2007): Werttreiber, Value Links und Key Performance Indicators der internen Kommunikation. Thesenpapiere des Arbeitskreises »Wertschöpfung durch Kommunikation« der Deutschen Public Relations Gesellschaft e.V. DPRG zu Kennzahlen der Kommunikation.
[29] Vgl. Beat Schmid, B.; Lyczek, B. (2010). Unternehmenskommunikation: Kommunikationsmanagement aus Sicht der Unternehmensführung, Gabler Verlag, S. 449
[30] Vgl. Beat Schmid, B.; Lyczek, B. (2010). Unternehmenskommunikation: Kommunikationsmanagement aus Sicht der Unternehmensführung, Gabler Verlag, S. 450
[31] Vgl. Beat Schmid, B.; Lyczek, B. (2010). Unternehmenskommunikation: Kommunikationsmanagement aus Sicht der Unternehmensführung, Gabler Verlag, S. 447

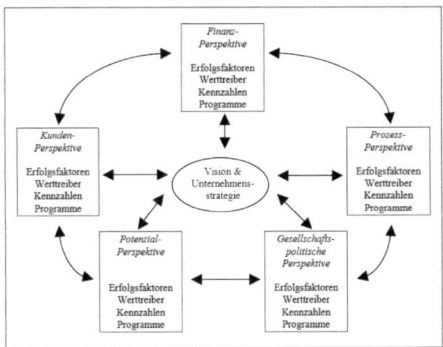

ABBILDUNG 6: CORPORATE COMMUNICATIONS SCORECARD (QUELLE: ZERFAß 2004[32])

4.3 MEDIENRESONANZANALYSE

Die „Medienresonanzanalyse" ist ein Untersuchungsinstrument, das Auskünfte über die Positionierung des Unternehmens in der Öffentlichkeit gibt. Zum Beispiel „durch die Auswertung veröffentlichter Artikel in Printmedien." Die Informationen von Medienarbeit werden sowohl quantitativ, durch das Sammeln von Clippings mit bestimmten Suchworten, als auch qualitativ, durch die Erfassung von Wertungen, ausgewertet. Infolgedessen kann man schnell auf sich verändernde Berichterstattungen und Entwicklungen eingehen und zukünftige Handlungen anpassen.[33] Die Analyse stellt jedoch keine zukunftsorientierte Maßnahme dar, da sie hauptsächlich nur für Printmedien nutzbar ist. Zudem wird durch die Berichterstattung auf die Wahrnehmung beim Rezipienten geschlossen und diese nicht direkt untersucht. Aus der Medienresonanzanalyse erstellt man schließlich einen Pressespiegel. „Clippings", also veröffentlichte Artikel, werden zu einem Pressespiegel zusammengestellt und geben so eine Übersicht über die aktuelle Berichterstattung des Unternehmens.[34]

4.4 METHODEN DER EMPIRISCHEN SOZIALFORSCHUNG

Die Methoden eignen sich um direkte und indirekte Wirkungen der Kommunikation zu messen. Dazu gehört einerseits die quantitative Befragung. Die Befragung kann persönlich, schriftlich, telefonisch oder per Online-Fragebogen ausgeführt werden.[35] Andererseits werden qualitative Befragungen durchgeführt. Zum Beispiel kann mit Tiefeninterviews und Fokusgruppen Motiv, Emotion und

---

[32] Zerfaß, A.. (2004) Die Corporate Communications Scorecard – Kennzahlensystem, Optimierungstool oder strategisches Steuerungsinstrument?, S. 5 unter: http://www.communicationcontrolling.de/fileadmin/communicationcontrolling/pdf-fachbeitraege/Zerfass-CCS-April2004.pdf.pdf
[33] Vgl. Meckel, M. (2008) Unternehmenskommunikation: Kommunikationsmanagement aus der Sicht der Unternehmensführung, Gabler Verlag
[34] Vgl. Meckel, M. (2008) Unternehmenskommunikation: Kommunikationsmanagement aus der Sicht der Unternehmensführung, Gabler Verlag
[35] Vgl. Huber, M. (2008) Kommunikation im Web 2.0, UVK Verlag, S. 110 - 115

Einstellung der Anspruchsgruppen gemessen werden. Beobachtungen sind ebenfalls Erhebungsinstrumente, bei dem jedoch keiner befragt, sondern Handlungen ausgewertet werden. Dies betrifft zum Beispiel die Anmelde- und Teilnehmerzahl bei Veranstaltungen, die Zugriffszahlen und die Verweildauer auf Websites. Bei Testverfahren werden Wirkungen auf einzelne Personen untersucht zum Beispiel der Recognition- und Recall-Test für Unternehmenspublikationen oder der Web-Usability-Test. Jedoch besteht bei diesem Verfahren die Gefahr der Verzerrung.[36]

6. FAZIT

2012 wurde die Berufsfeldstudie „Profession Pressesprecher", im Auftrag des Bundesverbandes deutscher Pressesprecher, zur PR-Evolution durchgeführt – befragt wurden 2.386 PR-Manager. 90 Prozent nutzten lediglich einfache quantitative Verfahren wie den Pressespiegel zur Messung. Nur 22 Prozent der Befragten analysierten die Wahrnehmung der Botschaften bei den Zielgruppen beispielsweise durch Befragungen zur Resonanz von Kommunikationskampagnen. Nur 7 Prozent nutzten Verfahren, um die Wertschöpfung von Kommunikation zu bestimmen. 6 Prozent der Befragten gab an, gar keine Evaluation zu bedinen.[37] Es wird deutlich, dass Evaluationen fester Bestandteil der PR-Abteilungen sind, die komplexen Methoden jedoch auf einfache, quantitative Verfahren wie der Medienberichterstattung reduziert werden. Folglich ist festzuhalten, dass Optimierungsmöglichkeiten durchgesetzt werden müssen, um in Zukunft noch erkenntnisreichere Ergebnisse zu erzielen.

7. LITERATURVERZEICHNIS

Beat Schmid, B. ; Lyczek, B. (2010). Unternehmenskommunikation: Kommunikationsmanagement aus Sicht der Unternehmensführung, Springer-Verlag

Besson, N.A. (2003) Strategische PR-Evaluation. Wiesbaden: Westdeutscher Verlag in: http://www.pr-evaluation.de/download/artikelbesson.pdf

Haaßengier, R. (2002) Rechnet sich die Balanced Scorecard?, in: Bilanz & Buchhaltung, Heft 3/2002

Huber, M. (2008) Kommunikation im Web 2.0, UVK Verlag

Internationaler Controller Verein e.V. (2010) Grundmodell für Kommunikations-Controlling,

Kaplan, R. S.; Norton, D. P. (2004) Strategy Maps. Der Weg von immateriellen Werten zum materiellen Erfolg. Stuttgart - Schäffer-Poeschel

Meckel, M. (2008) Unternehmenskommunikation: Kommunikationsmanagement aus der Sicht der Unternehmensführung, Gabler Verlag

---

[36] Vgl. Beat Schmid, B.; Lyczek, B. (2010). Unternehmenskommunikation: Kommunikationsmanagement aus Sicht der Unternehmensführung, Gabler Verlag, S. 456
[37] http://www.communicationcontrolling.de/no_cache/aktuelles/meldungen/singleview/article/praxis-der-pr-evaluation.html

Peters, P; Liehr, A.; Zerfaß, A. (2009) Reputationsmessung: Grundlagen und Verfahren, DPRG/Universität Leipzig

Pollmann, R (2011) Integriertes Kommunikationscontrolling in: http://www.kommunikationscontrolling.info/uploads/media/IntegriertesKommunikationscontrolling02 2011_01.pdf

Rolke, L.; Zerfaß, A. (2010) Wirkungsdimensionen der Kommunikation: Ressourceneinsatz und Wertschöpfung im DPRG/ICV-Bezugsrahmen. In: Pfannenberg, Jörg/Zerfaß, Ansgar (Hrsg.): Wertschöpfung durch Kommunikation. Kommunikations-Controlling in der Unternehmenspraxis. Frankfurt/Main: Frankfurter Allgemeine Buch

Röttger, U. (1998) PR-Kampagnen. Über die Inszenierung der Öffentlichkeit. VS Verlag für Sozialwissenschaften, S.667Grundmodell für Kommunikations-Controlling, Internationaler Controller Verein (icv)

Rolke, L. (2006) Kommunikations-Controlling – Die Steuerung eines weichen Erfolgsfaktors in: http://www.jp-kom.de/news-archiv/news-archive/newsletter/04-06/TextKomControl2006.pdf

Kasprik, R. (2013) Rationale Unternehmens- und Marketingplanung: Strategische, operative und taktische Entscheidungen, Springer Verlag

Zerfaß, A. (2009) Immaterielle Werte und Unternehmenskommunikation – Herausforderungen für das Kommunikationsmanagement. In: Möller, K.; Piwinger, M.; Zerfaß, A. (Hrsg.): Immaterielle Vermögenswerte: Bewertung, Berichterstattung und Kommunikation. Stuttgart: Schäffer-Poeschel

Zerfaß, A.. (2004) Die Corporate Communications Scorecard – Kennzahlensystem, Optimierungstool oder strategisches Steuerungsinstrument? unter: http://www.communicationcontrolling.de/fileadmin/communicationcontrolling/pdf-fachbeitraege/Zerfass-CCS-April2004.pdf.pdf

BEI GRIN MACHT SICH IHR WISSEN BEZAHLT

- Wir veröffentlichen Ihre Hausarbeit, Bachelor- und Masterarbeit

- Ihr eigenes eBook und Buch - weltweit in allen wichtigen Shops

- Verdienen Sie an jedem Verkauf

Jetzt bei www.GRIN.com hochladen und kostenlos publizieren